Impressum
Verlag: BABADADA GmbH, Nedderfeld 112 , 22529 Hamburg
Geschäftsführer / Verlagsleitung: Harald Hof
Druck: Books on Demand GmbH, In de Tarpen 42, 22848 Norderstedt

Imprint
Publisher: BABADADA GmbH, Nedderfeld 112 , 22529 Hamburg, Germany
Managing Director / Publishing direction: Harald Hof
Print: Books on Demand GmbH, In de Tarpen 42, 22848 Norderstedt

ysgol
escola

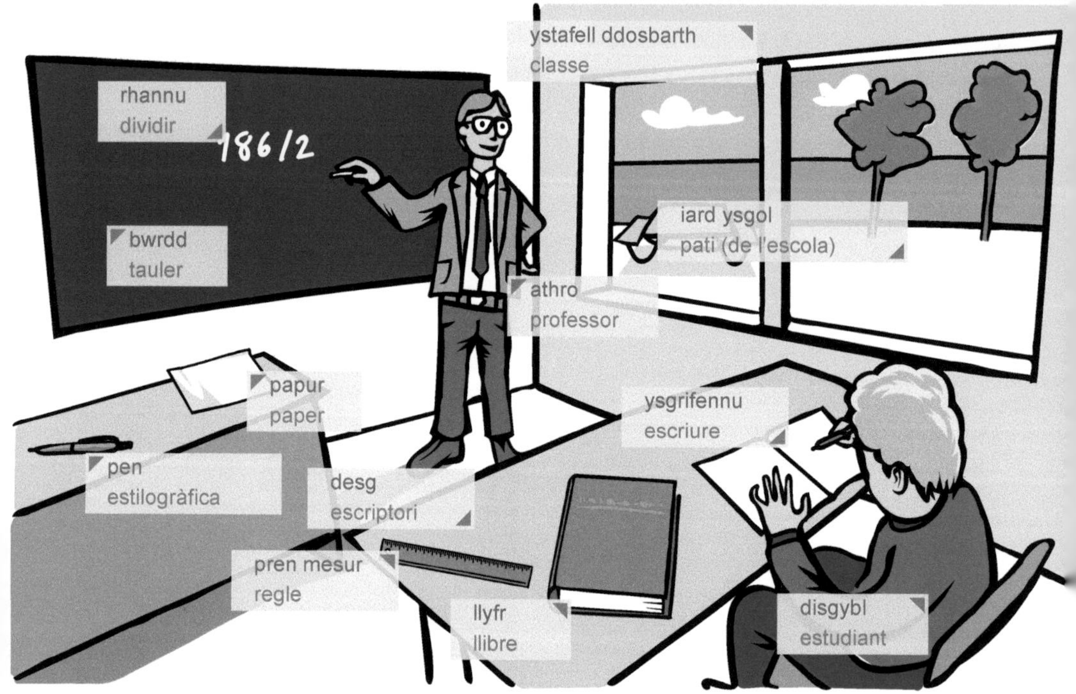
ystafell ddosbarth
classe
rhannu
dividir
186/2
bwrdd
tauler
iard ysgol
pati (de l'escola)
athro
professor
papur
paper
ysgrifennu
escriure
pen
estilogràfica
desg
escriptori
pren mesur
regle
llyfr
llibre
disgybl
estudiant

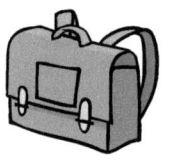

bag ysgol

bossa

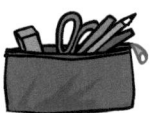

blwch penselau

estoig

pensil

llapis

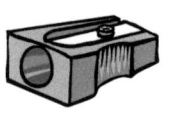

miniwr

maquineta de fer punta

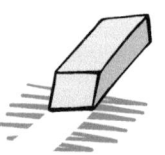

rwber

goma

pad arlunio

bloc de dibuix

draw

dibuix

brws paent

pinzell

blwch paent

capsa de pintures

siswrn

tisores

glud

cola

llyfr ysgrifennu

quadern d'exercicis

gwaith cartref

deures

12

rhif

nombre

2+2

ychwanegu

afegir

5-2

tynnu

sostreure

2×2

lluosi

multiplicar

cyfrifo

calcular

A

llythyren

lletra

ABCDEFG
HIJKLMN
OPQRSTU
VWXYZ

gwyddor

alfabet

hello

gair

mot

testun

text

darllen

llegir

sialc

guix

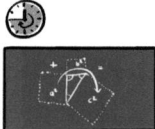

gwers

lliçó

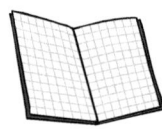

cofrestr

llibre de classe

arholiad

examen

tystysgrif

certificat

gwisg ysgol

uniforme escolar

addysg

formació

gwyddoniadur

enciclopèdia

prifysgol

universitat

microsgop

microscopi

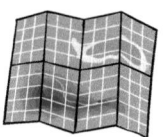

map

mapa

basged papur gwastraff

paperera

teithio
viatge

gwesty
hotel
Grand
hostel
alberg
ROOMS
EXCHANGE
swyddfa gyfnewid
oficina de canvi
cês dillad
maleta
car
automòbil

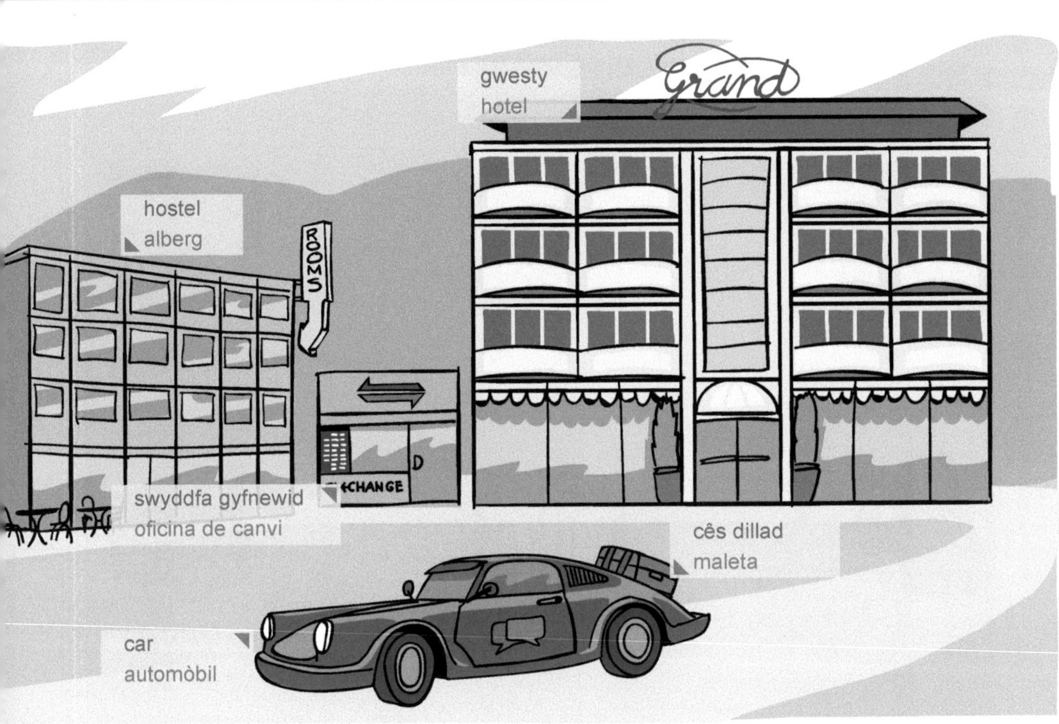

iaith

llengua

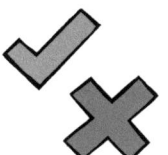

ie / na

sí / no

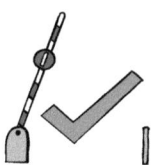

iawn

D'acord

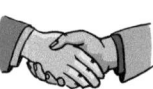

helo

Ey!

cyfieithydd

traductora

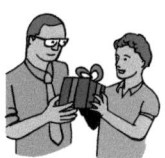

Diolch yn fawr

gràcies

faint yw ...?

Quant costa... ?

Dw i ddim yn deall

No entenc

problem

problema

Noswaith dda!

Bona nit!

Bore da!

bon dia!

Nos da!

bona nit!

hwyl

fins aviat

cyfarwyddyd

direcció

bagiau

bagatge

bag

bossa

gwarbac

sarrona

gwestai

convidat

ystafell

cambra

sach gysgu

sac de dormir

pabell

tenda

gwybodaeth i ymwelwyr

oficina de turisme

traeth

platja

cerdyn credyd

carta de crèdit

brecwast

esmorzar

cinio

dinar

swper

sopar

tocyn

bitllet

lifft

ascensor

stamp

segell

ffin

frontera

tollau

duana

llysgenhadaeth

ambaixada

fisa

visat

pasbort

passaport

cludiant
transport

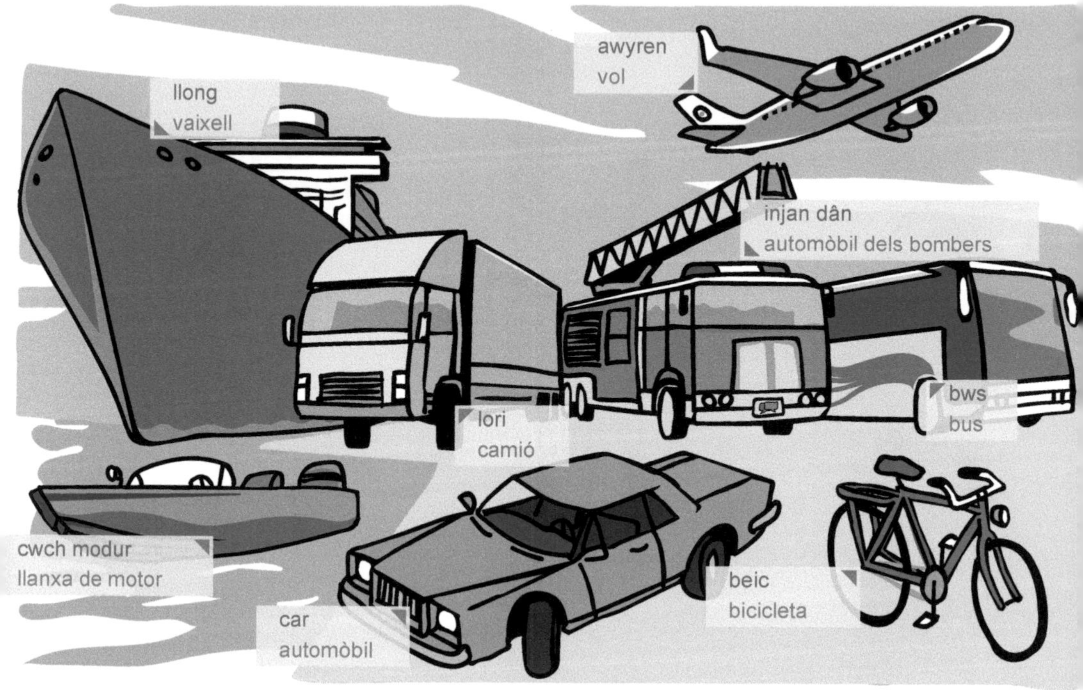
awyren
vol
llong
vaixell
injan dân
automòbil dels bombers
bws
bus
lori
camió
cwch modur
llanxa de motor
beic
bicicleta
car
automòbil

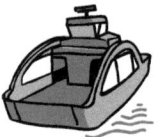

fferi
transbordador

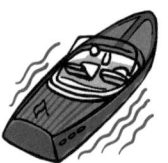

cwch
barca

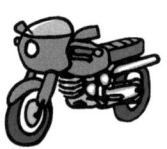

beic modur
moto

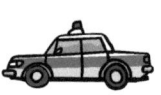

car yr heddlu
automòbil de policia

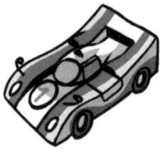

car rasio
automòbil de curses

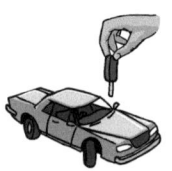

car wedi'i rentu
automòbil de lloguer

rhannu car

vehicle compartit

lori tynnu

grua

lori ysbwriel

camió de les escombraries

modur

motor

tanwydd

benzina

gorsaf betrol

benzineria

arwydd traffig

senyal de trànsit

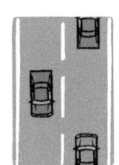

traffig

trànsit

tagfa draffig

embús

maes parcio

aparcament

gorsaf drennau

estació de trens

traciau

vies

trên

tren

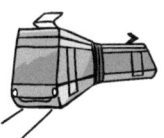

tram

tramvia

wagen

vagó

hofrennydd

helicòpter

maes awyr

aeroport

tŵr

torre

teithiwr

passatger

cynhwysydd

contenidor

paced

capsa de cartó

cert

carretó

basged

cistella

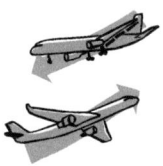

esgyn / glanio

enlairar-se / aterrar

dinas
ciutat

pentref

poble

canol y ddinas

centre de la ciutat

tŷ

casa

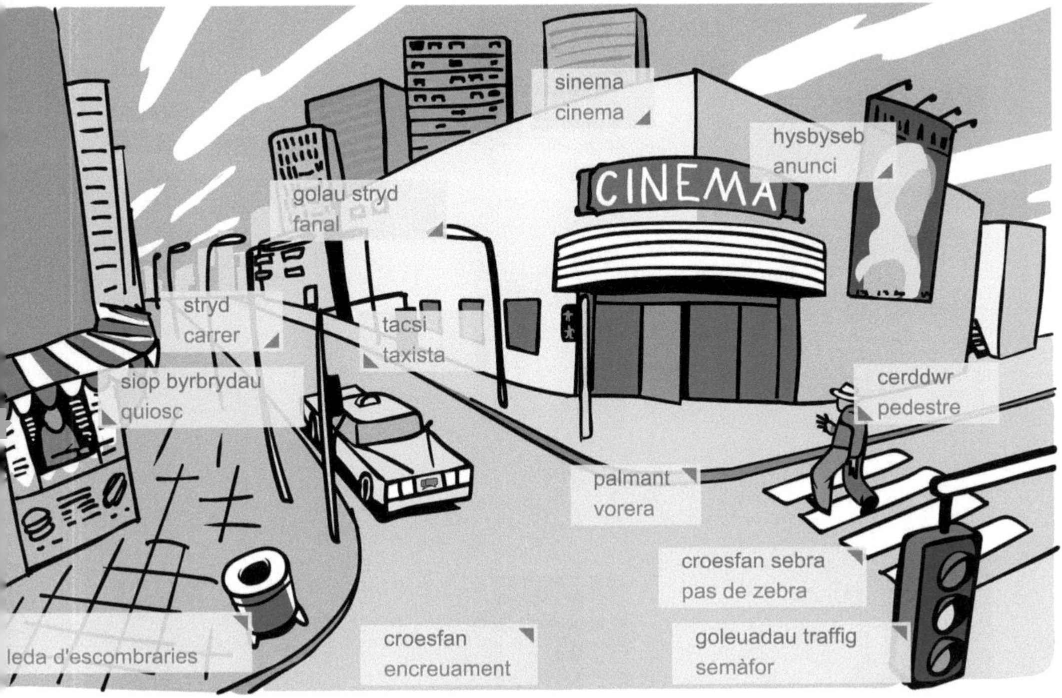

sinema
cinema
hysbyseb
anunci
CINEMA
golau stryd
fanal
stryd
carrer
tacsi
taxista
siop byrbrydau
quiosc
cerddwr
pedestre
palmant
vorera
croesfan sebra
pas de zebra
leda d'escombraries
croesfan
encreuament
goleuadau traffig
semàfor

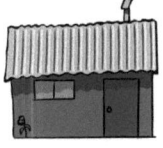

cwt

cabana

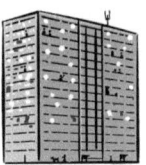

fflat

apartament

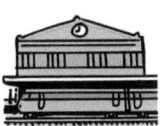

gorsaf drennau

estació de trens

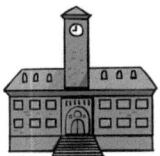

neuadd y dref

casa de la vila-ciutat

MUSEUM

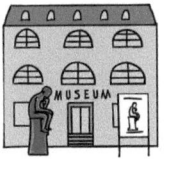

amgueddfa

museu

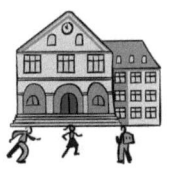

ysgol

escola

prifysgol

universitat

banc

banca

ysbyty

hospital

gwesty

hotel

fferyllfa

farmàcia

swyddfa

oficina

siop lyfrau

llibreria

siop

botiga

siop flodau

floristeria

archfarchnad

supermercat

farchnad

mercat

siop adrannol

gran magatzem

siop bysgod

peixateria

canolfan siopa

centre comercial

harbwr

port

parc

parc

banc

banc

pont

pont

grisiau

escala

rheilffordd danddaearol

metro

twnnel

túnel

safle bws

parada d'autobús

bar

bar

bwyty

restaurant

blwch post

bústia de correu

arwydd stryd

senyal indicador

mesurydd parcio

parquímetre

sŵ

zoo

pwll nofio

piscina

mosg

mesquita

fferm
granja

llygredd
pol·lució

mynwent
cementiri

eglwys
església

maes chwarae
parc infantil

teml
temple

tirwedd

paisatge

deilen
fulla

arwydd cyfeirio
cartell indicador

ffordd
camí

dôl
prat

carreg
pedra

heiciwr
excursionista

coeden
arbre

afon
riu

glaswellt
gespa

blodyn
flor

cwm
vall

bryn
muntanya

llyn
llac

coedwig
bosc

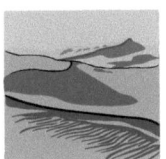

anialwch
desert

llosgfynydd
volcà

castell
castell

enfys
arc de Sant Martí

madarchen
bolet

palmwydden
palmera

mosgito
moscard

pryf
mosca

morgrugyn
formiga

gwenyn
abella

pryf copyn
aranya

chwilen
escarabat

llyffant
granota

gwiwer
esquirol

draenog
eriçó

ysgyfarnog
llebre

tylluan
òliba

aderyn
ocell

alarch
cigne

baedd
senglar

carw
cervo

elc
ant

argae
presa

tyrbin gwynt
turbina

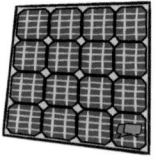

panel haul
panell solar

hinsawdd
clima

bwyty

restaurant

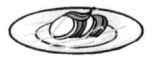

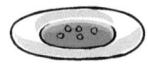

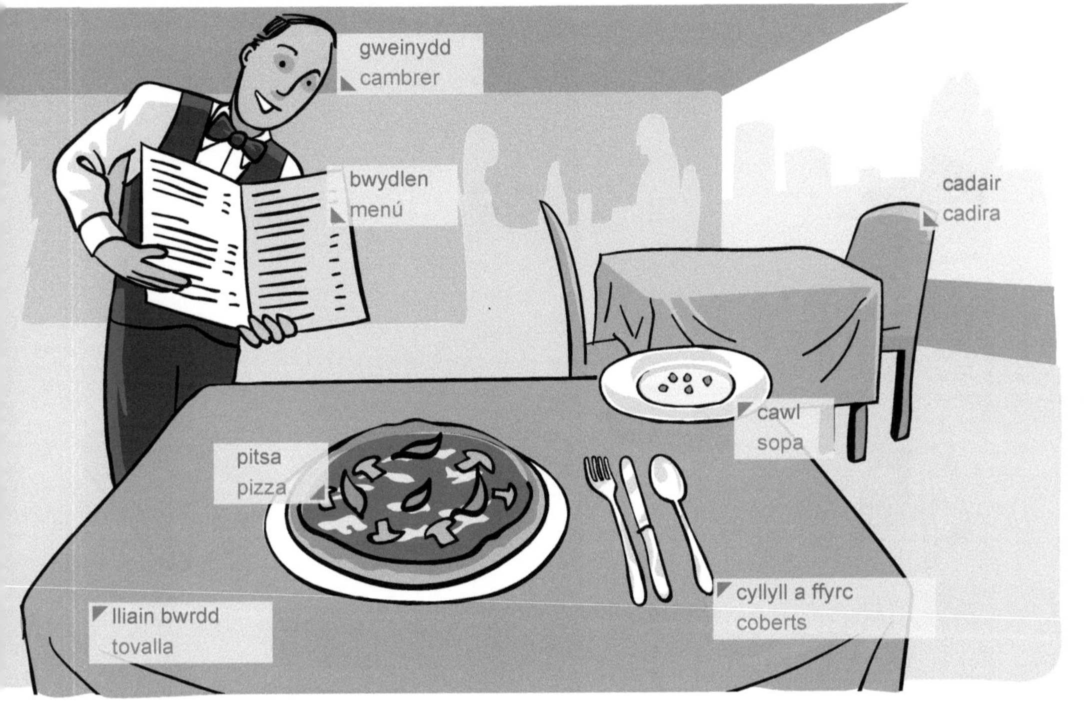
gweinydd
cambrer
bwydlen
menú
cadair
cadira
cawl
sopa
pitsa
pizza
cyllyll a ffyrc
coberts
lliain bwrdd
tovalla

cwrs cyntaf

primer plat

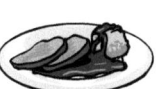

prif gwrs

plat principal

pwdin

darreries

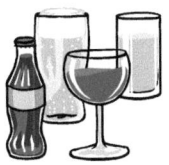

diodydd

begudes

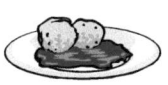

bwyd

menjar

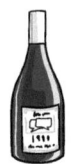

potel

ampolla

bwyd cyflym

menjar ràpid

bwyd y stryd

menjar de carrer

tebot

tetera

powlen siwgr

sucrer

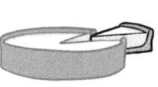

dogn

porció

peiriant espresso

màquina d'espresso

cadair plentyn

trona

bil

factura

hambwrdd

plata

cyllell

ganivet

fforc

forqueta

llwy

cullera

llwy de

cullereta

napcyn

tovalló

gwydr

got

plât
....
plat

plât cawl
....
plat de sopa

soser
....
plateret

saws
....
salsa

pot halen
....
saler

melin bupur
....
molinet de pebre

finegr
....
vinagre

olew
....
oli

sbeisys
....
espècies

saws coch
....
quètxup

mwstard
....
mostassa

mayonnaise
....
maionesa

archfarchnad

supermercat

cynnig arbennig
oferta especial
FOR
cwsmer
client
cynnyrch llaeth
productes lactis
ffrwythau
fruites
troli
carret de la compra

BUTCHERS

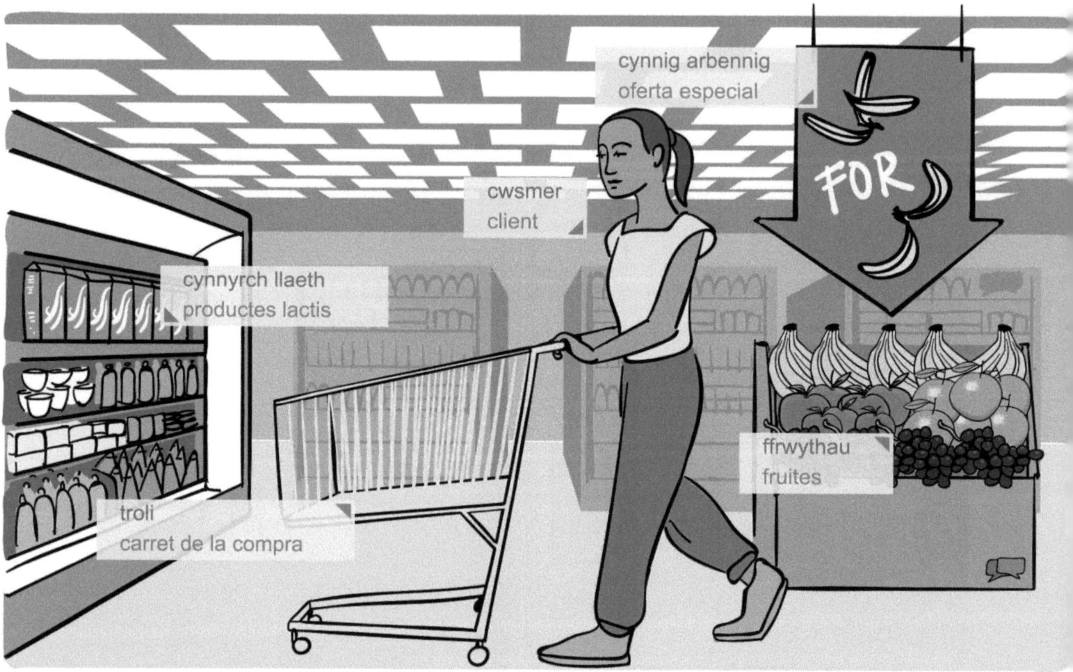

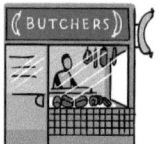

siop gig

carnisseria

BAKERY

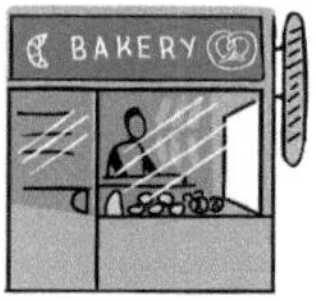

siop fara

forn de pa

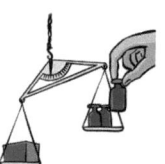

pwyso

pesar

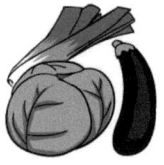

llysiau

verdures

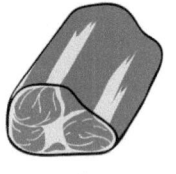

cig

carn

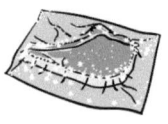

Bwyd wedi'i rewi

menjar congelat

cig oer

carn freda

bwyd tun

conserves

powdr golchi

detergent en pols

da-da

dolços

cynnyrch cartref

articles domèstics

cynhyrchion glanhau

productes de neteja

gwerthwraig

venedora

til

caixa registradora

ariannwr

caixera

rhestr siopa

llista de la compra

oriau agor

horari d'obertura

waled

portamonedes

cerdyn credyd

carta de crèdit

bag

bossa

bag plastig

bossa de plàstic

dŵr

aigua

sudd

suc

llefrith

llet

côc

coca-cola

gwin

vi

cwrw

cervesa

alcohol

alcohol

coco

cacau

te

te

coffi

cafè

espresso

espresso

cappuccino

cappuccino

banana

banana

afal

poma

oren

taronja

melon

síndria

lemwn

llimona

moronen

pastanaga

garlleg

all

bambŵ

bambú

nionyn

ceba

madarchen

bolet

cnau

avellanes

nwdls

fideus

sbageti

espaguetis

reis

arròs

salad

amanida

sglodion

patates fregides

tatws wedi'u ffrïo

patates fregides

pitsa

pizza

hambyrger

hamburguesa

brechdan

entrepà

cytled

escalopa

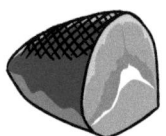

ham

cuixot

salami

salami

selsig

salsitxa

cyw iâr

pollastre

rhost

rostit

pysgodyn

peix

ceirch uwd

flocs de civada

miwsli

musli

creision ŷd

cereals

blawd

farina

croissant

croissant

bynsen

panet

bara

pa

tost

torrada

bisgedi

bescuits

menyn

mantega

ceuled

mató

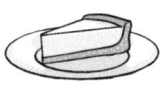

teisen

pastís

wy

ou

wy wedi'i ffrïo

ou fregit

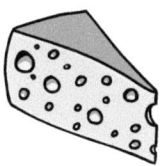

caws

formatge

hufen iâ

gelat

siwgr

sucre

mêl

mel

jam

melmelada

siocled taenu

crema de xocolata

cyri

curri

ffermdy
granja

bwrn gwellt
bala de palla

ysgubor
graner

maes
camp

ceffyl
cavall

ôl-gerbyd
remolc

tractor
tractor

ebol
poltre

asyn
ase

dafad
ovella

oen
xai

gafr

cabra

buwch

vaca

llo

vedella

mochyn

porc

porchell

garrí

tarw

bou

gwydd

oca

hwyaden

ànec

cyw

poll

iâr

gall

ceiliog

gallina

llygoden fawr

rata

cath

gat

llygoden

ratolí

ych

bou

ci

gos

cwt ci

gossera

pibell ddŵr

mànega de regar

can dŵr

regadora

pladur

dalla

aradr

arada

cryman

falç

fforch chwynu

aixada

picwarch

forca

bwyell

destral

berfa

carretó

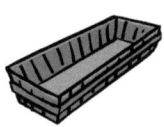

cafn

abeurador

tun llefrith

lletera

sach

sac

ffens

tanca

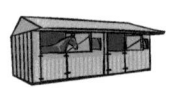

stabl

establa

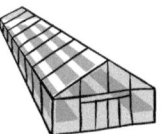

tŷ gwydr

hivernacle

pridd

sòl

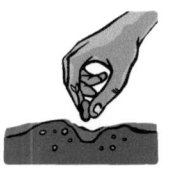

hedyn

llavor

gwrtaith

adob

dyrnwr medi

collidora

cynaeafu

collir

cynhaeaf

collita

iamau

nyam

gwenith

blat

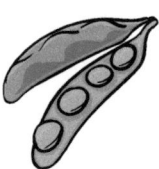

soi

soja

tysen

patata

grawn

blat de moro o d'indi

had rêp

colza

coeden ffrwythau

arbre fruiter

manioc

mandioca

grawnfwydydd

cereals

simnai
fumera

to
teulada

peipen law
canaló

ffenestr
finestra

garej
garatge

cloch y drws
campana

drws
porta

bin sbwriel
galleda de les escombraries

blwch post
bústia de correu

gardd
jardí

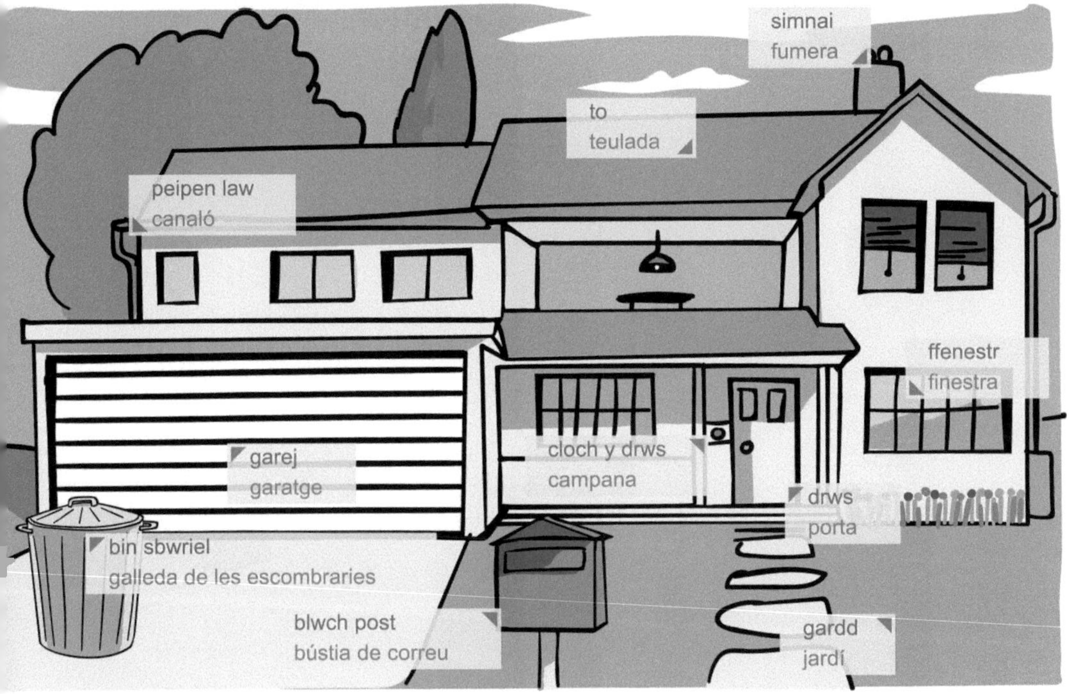

lolfa

sala d'estar

ystafell ymolchi

bany

cegin

cuina

ystafell wely

cambra de dormir

ystafell plentyn

cambra de nen

ystafell fwyta

menjador

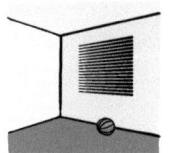

llawr

sòl

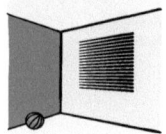

wal

paret

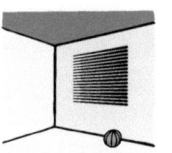

nenfwd

sostre

seler

soterrani

sawna

sauna

balconi

balcó

teras

terrassa

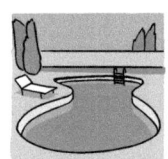

pwll

piscina

peiriant torri gwair

tallagespa

taflen

vànova

gorchudd gwely

cobrellit

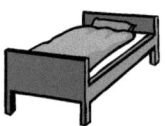

gwely

llit

ysgub

escombra

bwced

galleda

swits

interruptor

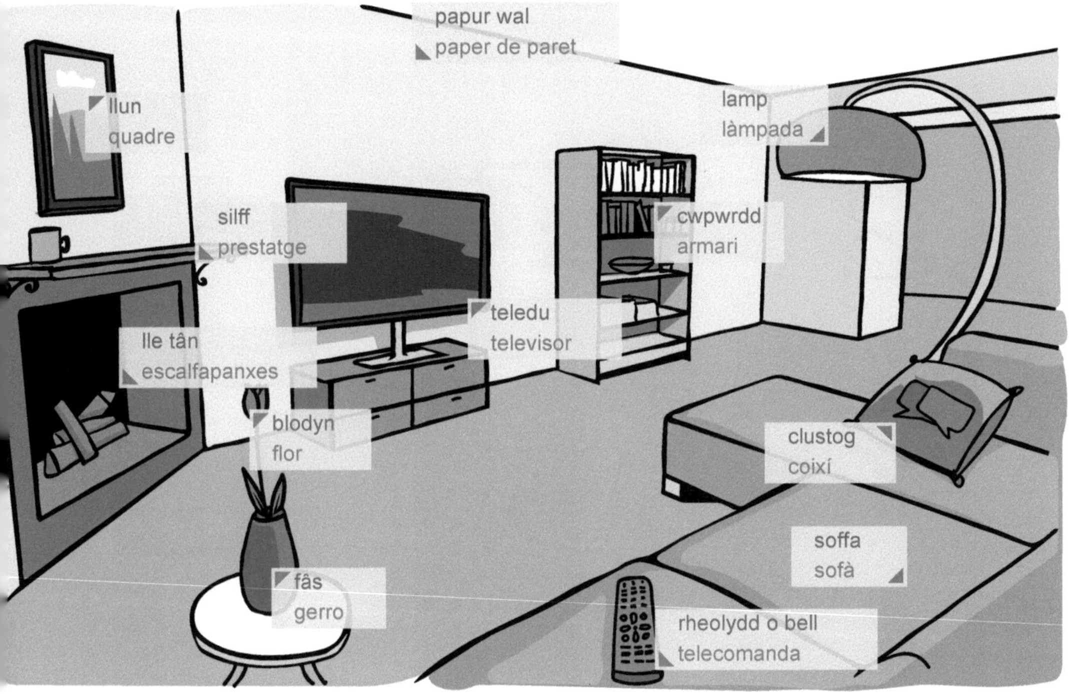

papur wal
paper de paret

lamp
làmpada

llun
quadre

silff
prestatge

cwpwrdd
armari

lle tân
escalfapanxes

teledu
televisor

blodyn
flor

clustog
coixí

soffa
sofà

fâs
gerro

rheolydd o bell
telecomanda

carped

catifa

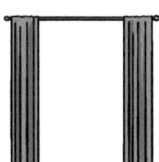

llen

cortina

bwrdd

taula

cadair

cadira

cadair siglo

cadira gronxadora

cadair freichiau

cadiral

llyfr

llibre

blanced

llençol

addurn

decoració

coed tân

llenya

ffilm

film

hi-fi

cadena de música

agoriad

clau

papur newydd

diari

darlun

pintura

poster

cartell

radio

ràdio

llyfr nodiadau

bloc de notes

hwfer

aspiradora

cactws

cactus

cannwyll

candela

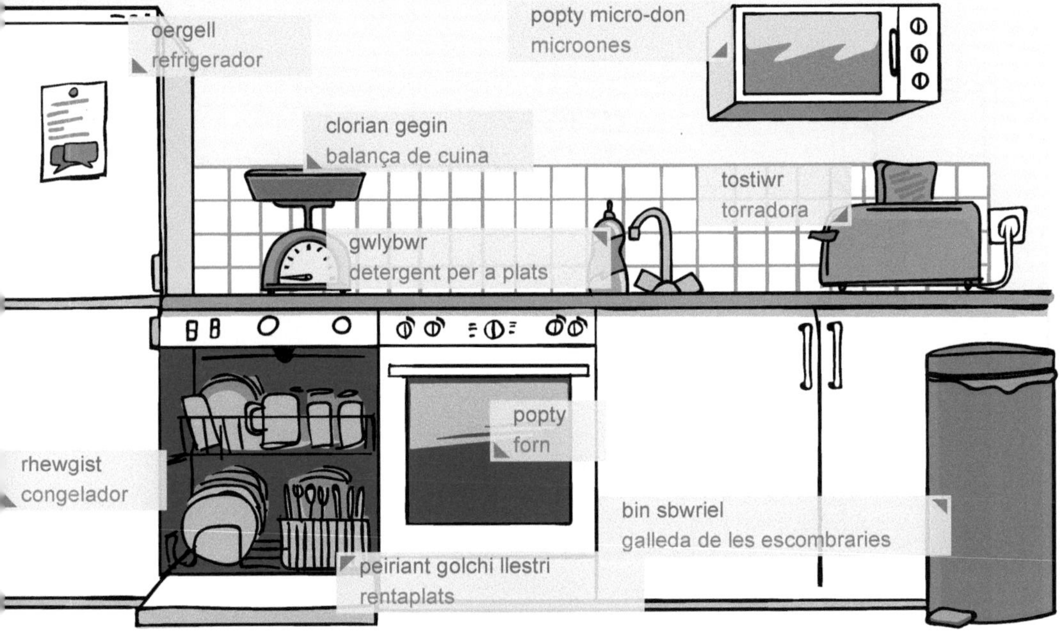

oergell
refrigerador

popty micro-don
microones

clorian gegin
balança de cuina

tostiwr
torradora

gwlybwr
detergent per a plats

popty
forn

rhewgist
congelador

bin sbwriel
galleda de les escombraries

peiriant golchi llestri
rentaplats

popty
cuina de fogons

pot
olla

pot haearn bwrw
olla de ferro colat

wok / kadai
wok / karahi

padell
paella

tegell
bullidor

sosban stemio

olla de vapor

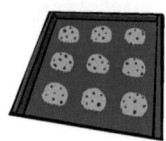

hambwrdd pobi

plata de forn

llestri

vaixella

mwg

tassa grossa

powlen

bol

gweill bwyta

bastonets xinesos

lletwad

culler

ysbodol

espàtula

chwisg

batedor

hidlydd

colador

gogr

sedàs

gratiwr

ratllador

morter

morter

barbeciw

barbacoa

tân agored

foc a terra

bwrdd torri cig

taula de tallar

rholbren

corró

tynnwr corcyn

llevataps

tun

pot de conserva

peth agor tuniau

obridor

clwt pot

agafador

sinc

aigüera

brws

raspall

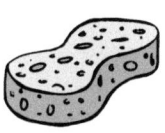

sbwng

esponja

peiriant cymysgu

batedora

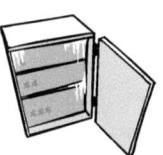

rhewgell

congelador

potel babi

biberó

tap

aixeta

ystafell ymolchi

bany

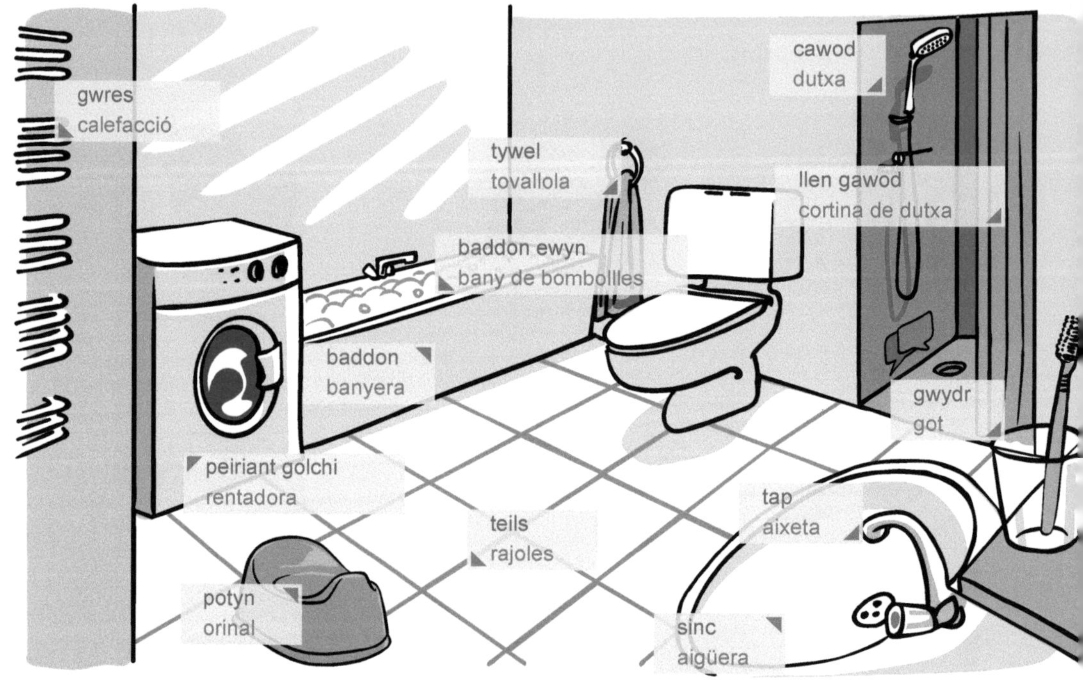

gwres
calefacció
tywel
tovallola
cawod
dutxa
llen gawod
cortina de dutxa
baddon ewyn
bany de bombolles
baddon
banyera
gwydr
got
peiriant golchi
rentadora
teils
rajoles
tap
aixeta
potyn
orinal
sinc
aigüera

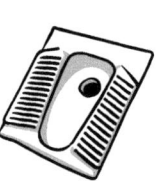

tŷ bach

lavabo

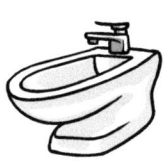

toiled cyrcydu

lavabo turc

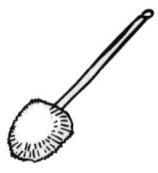

bidet

bidet

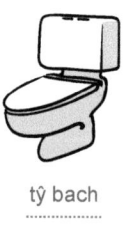

troethfa

orinador

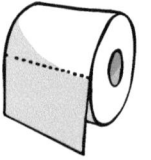

papur tŷ bach

paper higiènic

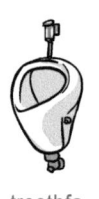

brws tŷ bach

escombreta de sanitari

brws dannedd

raspall de dents

past dannedd

pasta de dents

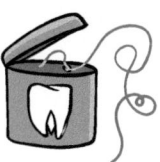

edau ddannedd

fil dental

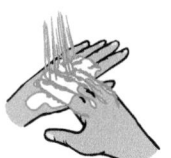

golchi

rentar

cawod llaw

pom de dutxa

golchfa

dutxa íntima

basn

rentamans

brws-ôl

raspall per a l'esquena

sebon

sabó

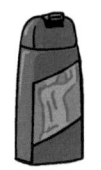

gel cawod

gel de dutxa

siampŵ

xampú

gwlanen

manyopla de bany

ffos

bonera

hufen

crema

diaroglydd

desodorant

drych
mirall

drych llaw
mirall-espill de mà

rasel
maquineta de rasar

ewyn eillio
espuma de barbejar

sent eillio
loció post-rasada

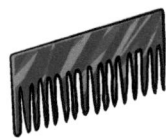

crib
pinta

brws
raspall

sychwr gwallt
eixugador

chwistrell gwallt
laca

colur
maquillatge

minlliw
pintallavis

farnais ewinedd
esmalt d'ungles

gwlân cotwm
cotó

siswrn ewinedd
tallaungles

persawr
perfum

bag ymolchi

estoig de bellesa

stôl

tamboret

clorian

bàscula

gŵn baddon

barnús

menig rwber

guants de goma

tampon

compresa higiènica

tywel misglwyf

compresa

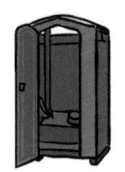

toiled cemegol

sanitari químic

ystafell plentyn
cambra de nen

cloc larwm
despertador
tegan anwes
animal de peluix
car tegan
auto de joguina
cleciwr
sonall
tŷ dol
casa de nines
anrheg
present

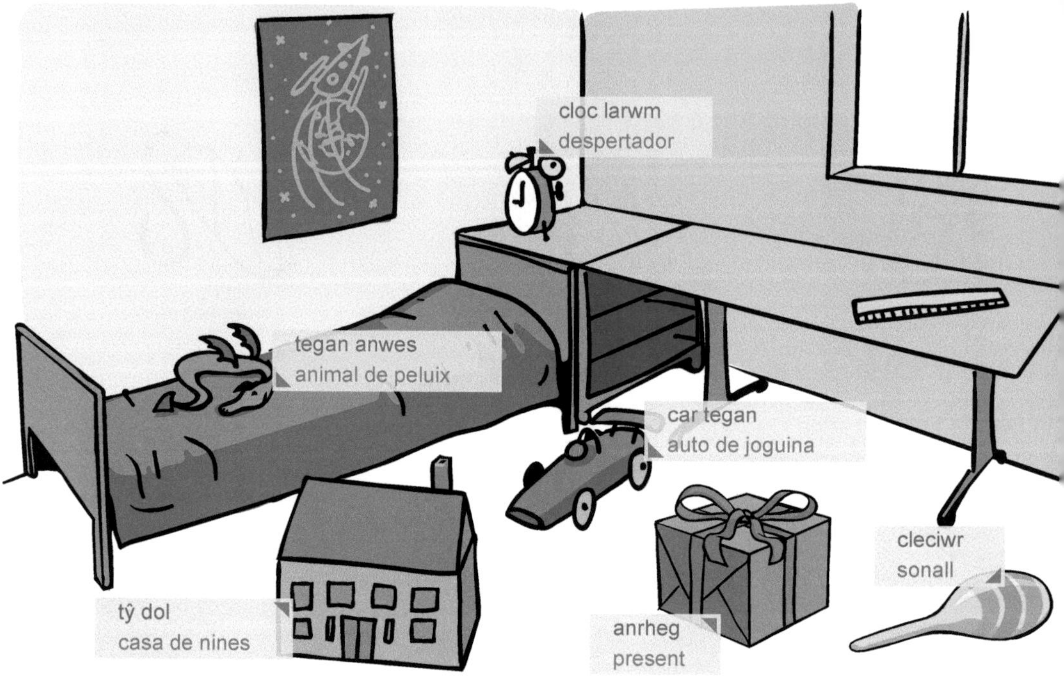

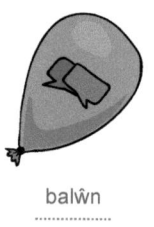

balŵn

baló

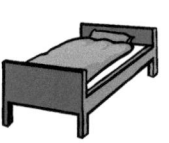

gwely

llit

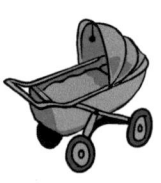

pram

cotxet per a nens

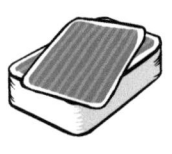

pecyn o gardiau

joc de cartes

jig-so

trencaclosca

SUPER MEGA

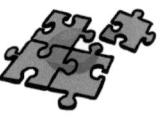

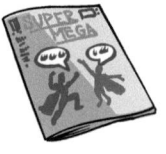

comic

historieta

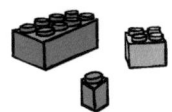

brics Lego
peces de lego

blociau adeiladu
peces de construcció

ffigur gweithredu
ninot d'acció

babygro
granota

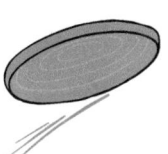

ffrisbi
frisbee

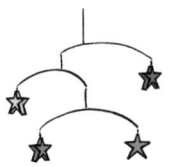

symudyn
mòbil per a bressol

gêm fwrdd
joc de taula

deis
daus

set model trên
tren elèctric

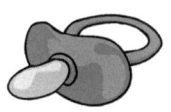

teth lwgu
xumet

parti
festa

llyfr lluniau
llibre de dibuixos

pêl
pilota

dol
nina

chwarae
jugar

pwll tywod

sorrera

swing

gronxador

teganau

joguines

consol gemau fideo

consola de jocs de vídeo

beic tair olwyn

tricicle

tedi

osset de peluix

cwpwrdd dillad

armari

dillad

roba

hosanau

mitjons

hosanau

mitges

teits

mitja pantaló

sgarff
tapacoll

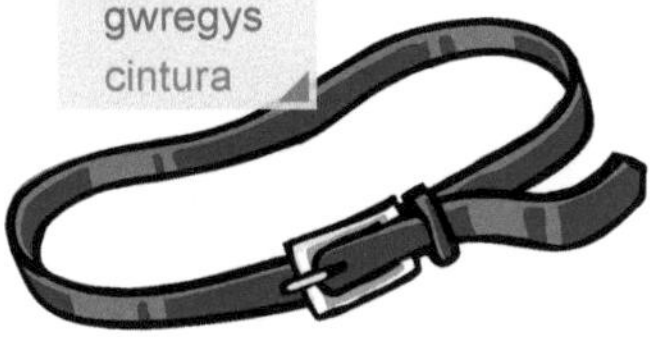

gwregys
cintura

ymbarél
paraigua

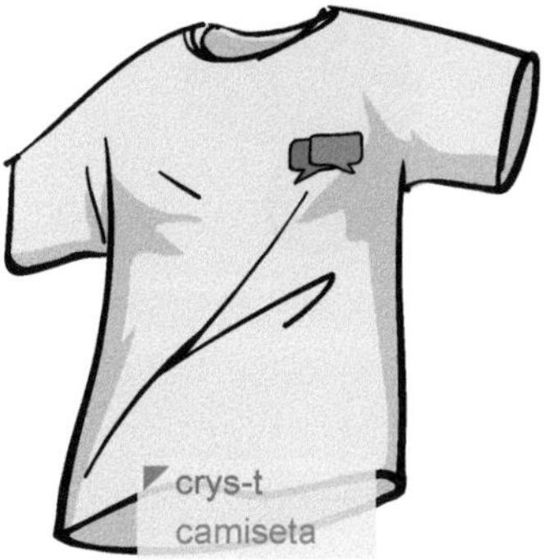

crys-t
camiseta

esidiau ymarfer
sabates d'esport

esgidiau
botes

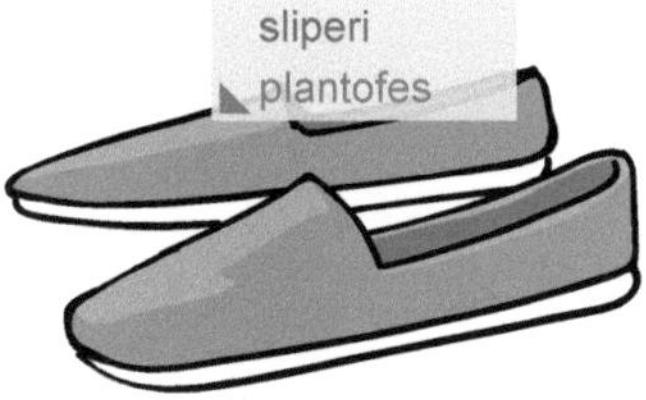

sliperi
plantofes

sandalau
·················
sandàlies

esgidiau
·················
sabates

esgidiau rwber
·················
botes de goma

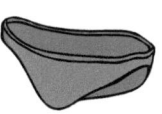

trôns
·················
calçonets

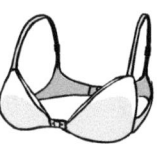

bra
·················
sostenidor

fest
·················
guardapits

corff

jjustacòs

trowsus

pantalons

jîns

jeans

sgert

faldeta

blows

brusa

crys

camisa

pwlofer

jersei

hwdi

dessuadora

blaser

blazer

siaced

jaqueta

côt

mantell

côt law

impermeable

gwisg

vestit de dona

gŵn

vestit de dona

gwisg briodas

vestit de núvia

siwt

vestit d'home

gŵn nos

camisa de dormir

pyjamas

pijama

sari

sari

sgarff pen

mocador de cap

tyrban

turbant

bwrca

burca

cafftan

caftan

abaya

abaia

gwisg nofio

vestit de bany

trowsus nofio

calçon(et)s de bany

siorts

pantalons curts

tracwisg

xandall

ffedog

davantal

menig

guants

botwm

botó

sbectol

ulleres

breichled

braçalet

cadwyn

collaret

modrwy

anell

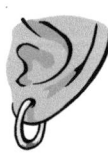

clustdlws

orellera

cap

casquet

cambren

penjador

het

capell

tei

corbata

sip

cremallera

helmed

casc

fframiau danedd

elàstics

gwisg ysgol

uniforme escolar

gwisg

uniforme

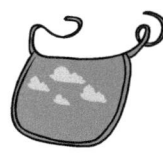

bib

pitet

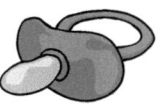

teth lwgu

xumet

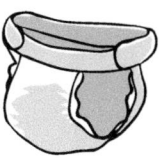

cewyn

bolquer

swyddfa
oficina

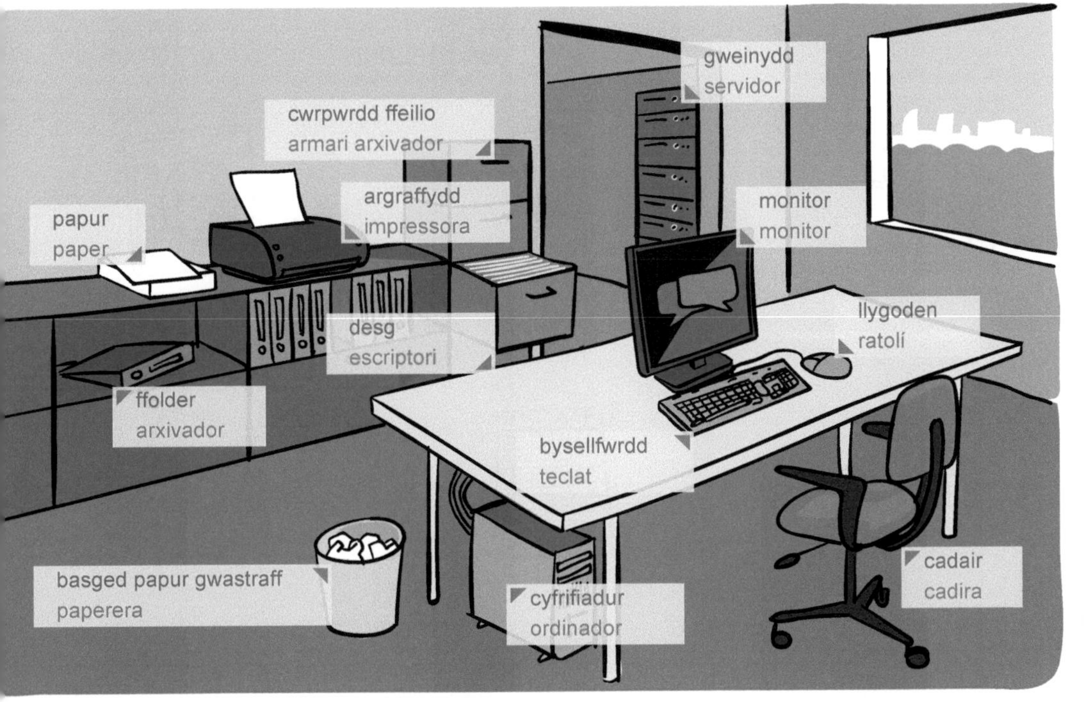

gweinydd
servidor
cwrpwrdd ffeilio
armari arxivador
argraffydd
impressora
monitor
monitor
papur
paper
llygoden
ratolí
desg
escriptori
ffolder
arxivador
bysellfwrdd
teclat
basged papur gwastraff
paperera
cyfrifiadur
ordinador
cadair
cadira

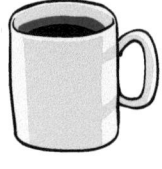

mwg coffi

tassa de cafè

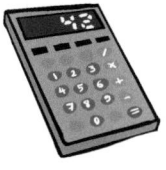

cyfrifiannell

calculadora

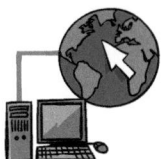

rhyngrwyd

Internet

gliniadur

ordinador portàtil

llythyr

lletra

neges

missatge

ffôn symudol

mòbil

rhwydwaith

xarxa

llungopïwr

fotocopiadora

meddalwedd

programari

teleffon

telèfon

soced plwg

presa de corrent

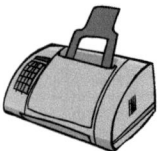

peiriant ffacs

fax

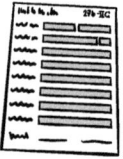

ffurflen

formulari

dogfen

document

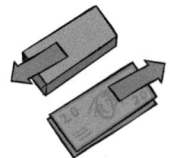

prynu

comprar

talu

pagar

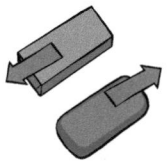

masnachu

comerciar

arian

diners

doler

dòlar

ewro

euro

yen

ien

rwbl

ruble

ffranc y Swistir

franc suís

yuan renminbi

renminbi

rwpi

rupia

peiriant arian

caixa automàtica

swyddfa gyfnewid

oficina de canvi

aur

or

arian

argent

olew

petroli

ynni

energia

pris

preu

contract

contracte

treth

impost

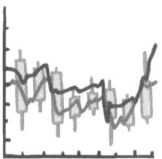

stoc

acció

gweithio

treballar

cyflogai

treballador

cyflogwr

empresari

ffatri

fàbrica

siop

botiga

swyddi
oficis

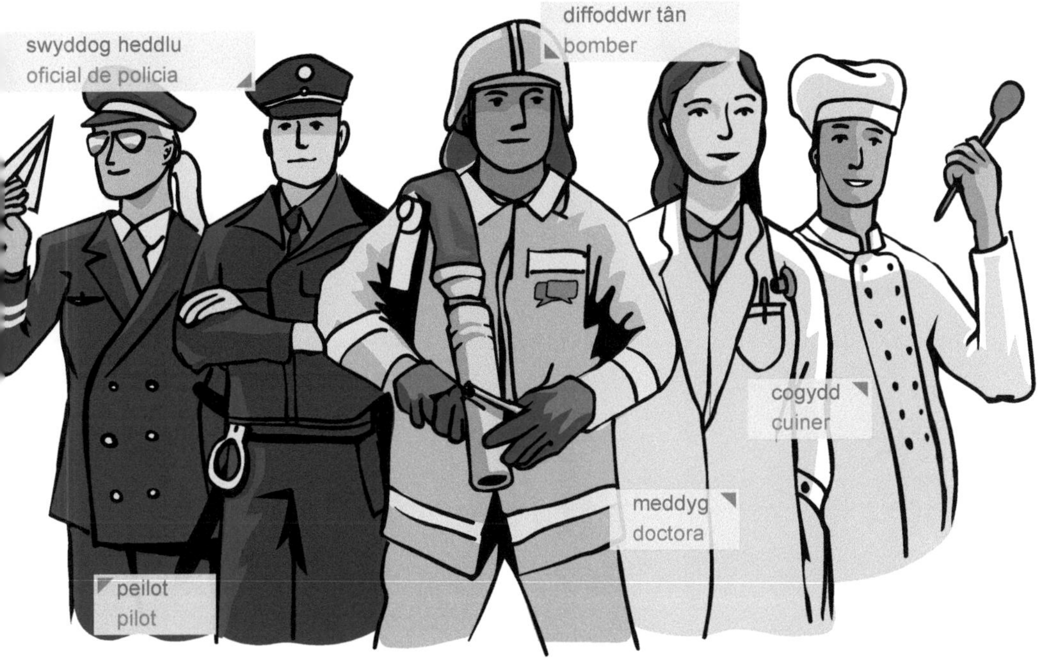
diffoddwr tân
bomber
swyddog heddlu
oficial de policia
cogydd
cuiner
meddyg
doctora
peilot
pilot

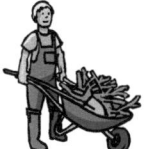

garddwr

jardiner

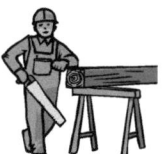

saer

fuster

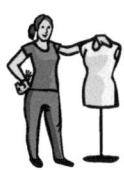

gwniadwraig

costurera

barnwr

jutge

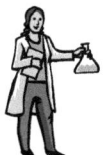

fferyllydd

química

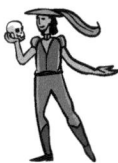

actor

actor

gyrrwr bws

conductor d'autobús

gyrrwr tacsi

taxista

pysgotwr

pescador

glanhawraig

dona de la neteja

töwr

ensostrador

gweinydd

cambrer

heliwr

caçador

paentiwr

pintor

pobydd

forner

trydanwr

electricista

adeiladwr

obrer de la construcció

peiriannydd

enginyer

cigydd

carnisser

plymiwr

llanterner

dyn y post

correu

milwr

soldat

pensaer

arquitecte

ariannwr

caixera

gwerthwr blodau

florista

triniwr gwallt

perruquer

archwiliwr tocynnau
rheilffordd

revisor

mecanydd

mecànic

capten

capità

deintydd

dentista

gwyddonydd

científic

rabi

rabí

imam

imam

mynach

monjo

clerigwr

capellà

offer

eines

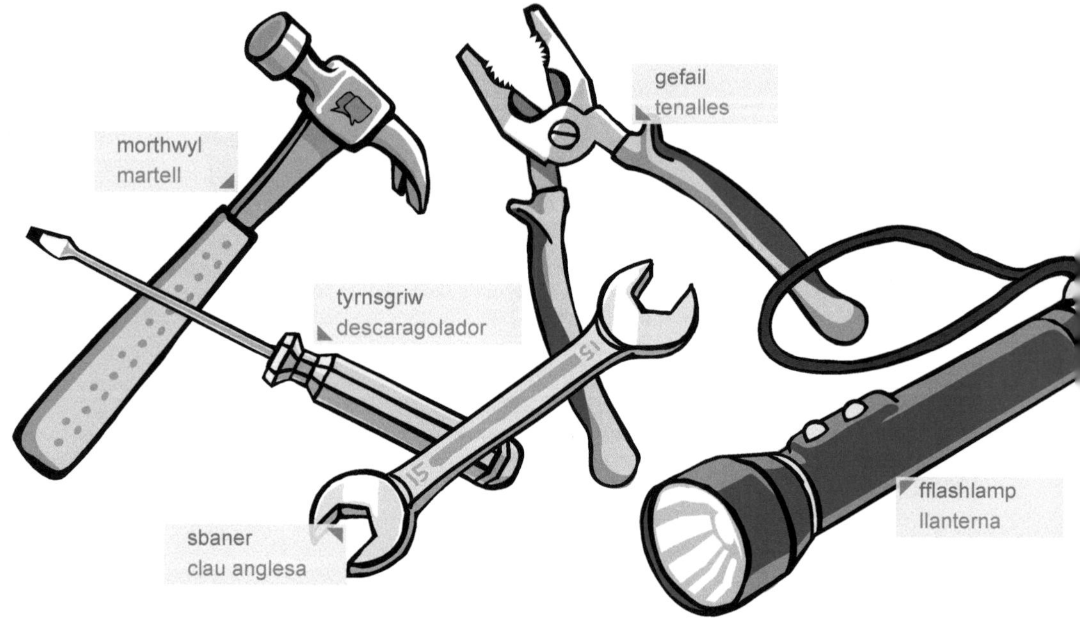
gefail
tenalles
morthwyl
martell
tyrnsgriw
descaragolador
sbaner
clau anglesa
fflashlamp
llanterna

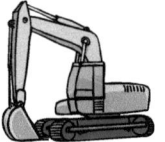

turiwr

excavadora

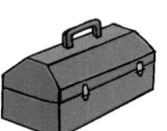

blwch offer

caixa d'eines

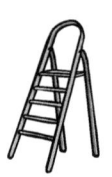

ysgol

escala

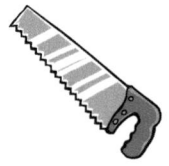

llif

serra

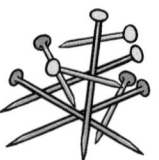

hoelion

claus

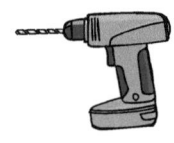

dril

trepant

trwsio
reparar

rhaw
pala

Daria!
Maleït siga!

rhaw lwch
pala

pot paent
pot de pintura

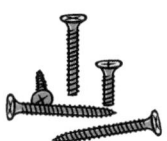

sgriwiau
caragols

offerynnau cerdd
instrument de música

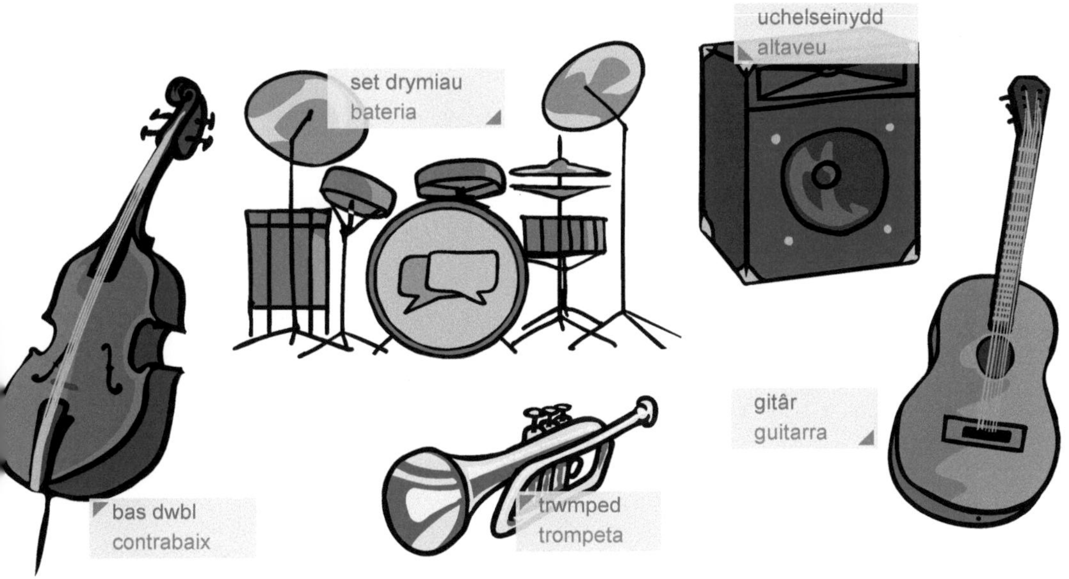

set drymiau
bateria

uchelseinydd
altaveu

gitâr
guitarra

bas dwbl
contrabaix

trwmped
trompeta

piano

piano

ffidil

violí

bas

baix

timpani

timbal

drymiau

tambor

cyweirfwrdd

teclat

sacsoffon

saxofon

ffliwt

flauta

meicroffon

micròfon

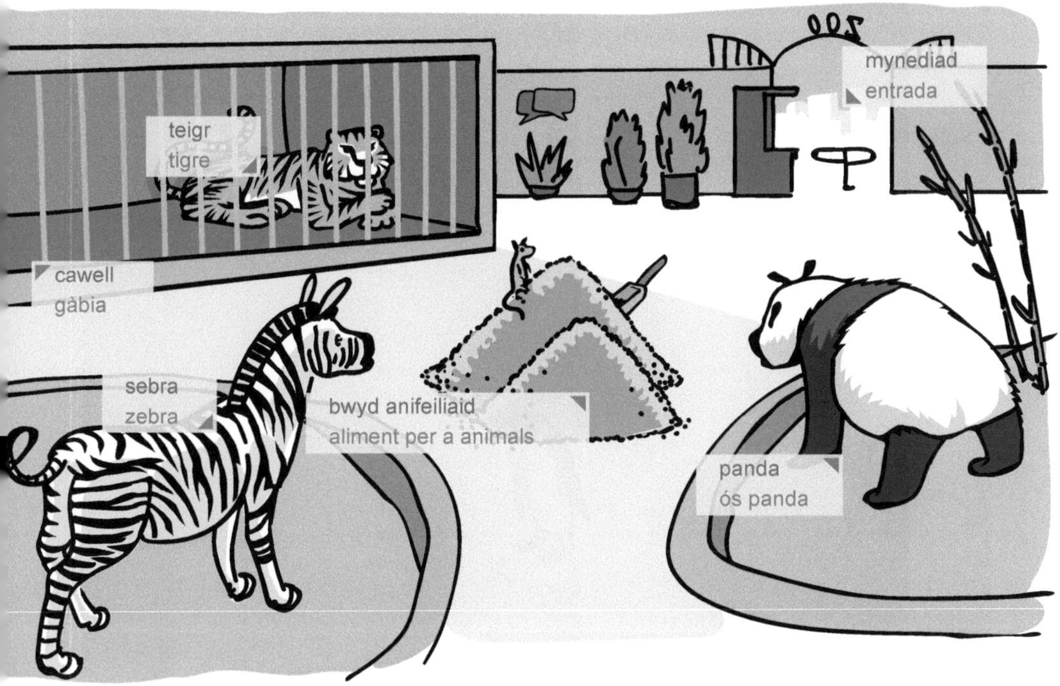

mynediad
entrada

teigr
tigre

cawell
gàbia

sebra
zebra

bwyd anifeiliaid
aliment per a animals

panda
ós panda

anifeiliaid

animals

eliffant

elefant

cangarŵ

cangurú

rhinoseros

rinoceront

gorila

goril·la

arth

ós

camel

camell

estrys

estruç

llew

lleó

mwnci

simi

fflamingo

flamenc

parot

papagai

arth wen

ós polar

pengwin

pingüí

siarc

ca mari

paun

paó

neidr

serp

crocodeil

cocodril

gofalwr sŵ

guardià del zoo

morlo

foca

jagwar

jaguar

merlyn

poni

llewpard

lleopard

hipo

hipopòtam

jiráff

girafa

eryr

àliga

baedd

senglar

pysgodyn

peix

crwban

tortuga

walrws

morsa

llwynog

guineu

gafrewig

gasela

pêl-droed America
futbol americà

beicio
ciclisme

tennis
tenis

pêl-fasged
bàsquet

nofio
natació

hoci iâ
hoquei sobre gel

bocsio
boxa

pêl-droed

futbol americà

badminton

bàdminton

athletau

atletisme

pêl-law

handbol

sgïo

esquí

polo

polo

gweithgareddau
activitats

chwerthin
riure
neidio
saltar
cofleidio
abraçar
cerdded
anar
canu
cantar
breuddwydio
somiar
gweddïo
pregar
cusanu
fer un petó

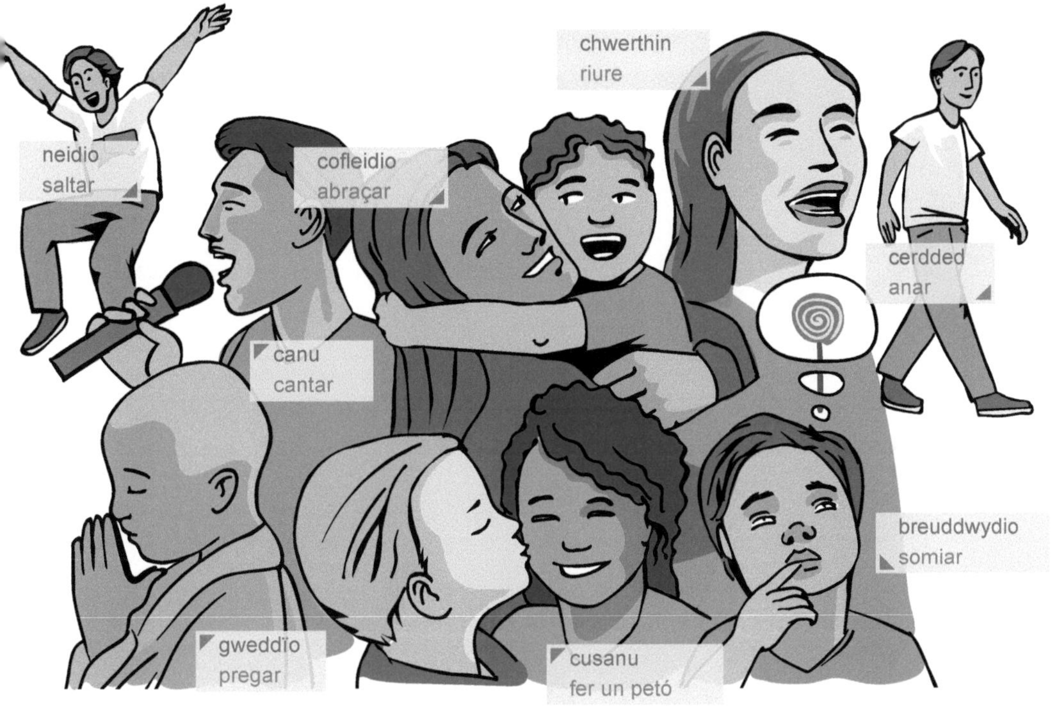

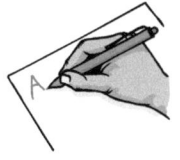

ysgrifennu

escriure

arlunio

dibuixar

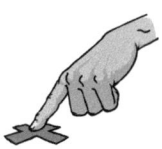

dangos

mostrar

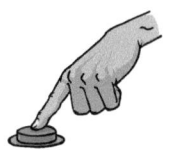

gwthio

pitjar

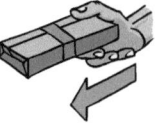

rhoi

donar

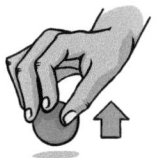

cymryd

prendre

bod gan

tenir

gwneud

fer

bod

ésser

sefyll

estar dret

rhedeg

córrer

tynnu

estirar

taflu

llançar

disgyn

caure

gorwedd

jeure

aros

esperar

cario

portar

eistedd

asseure's

gwisgo amdanoch

vestir-se

cysgu

dormir

deffro

despertar-se

edrych ar

mirar

crïo

plorar

anwesu

amoixar

cribo

pentinar

siarad

parlar

deall

comprendre

gofyn

demanar

gwrando

escoltar

yfed

beure

bwyta

menjar

tacluso

endreçar

caru

estimar

coginio

cuinar

gyrru

conduir

hedfan

volar

hwylio

navegar

cyfrifo

calcular

darllen

llegir

dysgu

aprendre

gweithio

treballar

priodi

casar-se

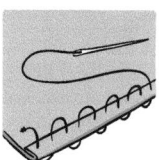

gwnïo

cosir

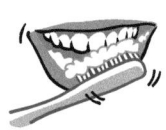

brwsio dannedd

raspallar-se les dents

lladd

matar

ysmygu

fumar

anfon

enviar

teulu
família

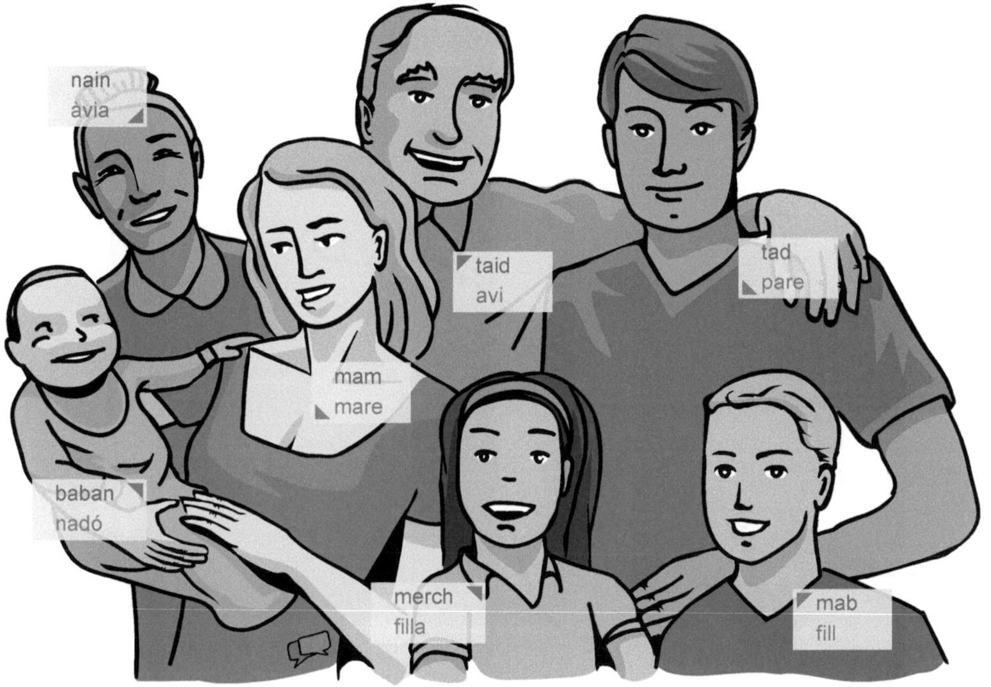

nain
àvia
taid
avi
tad
pare
mam
mare
baban
nadó
merch
filla
mab
fill

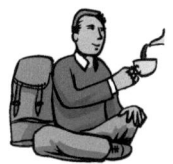

gwestai

convidat

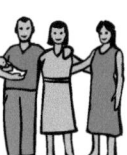

modryb

tia

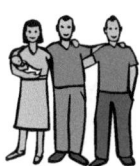

ewythr

oncle

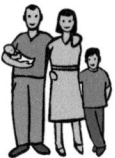

brawd

germà

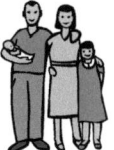

chwaer

germana

corff

cos

talcen
front
llygad
ull
ysgwydd
espatlla
bys
dit
wyneb
cara
gên
barbeta
llaw
mà
coes
cama
bron
pit
braich
braç

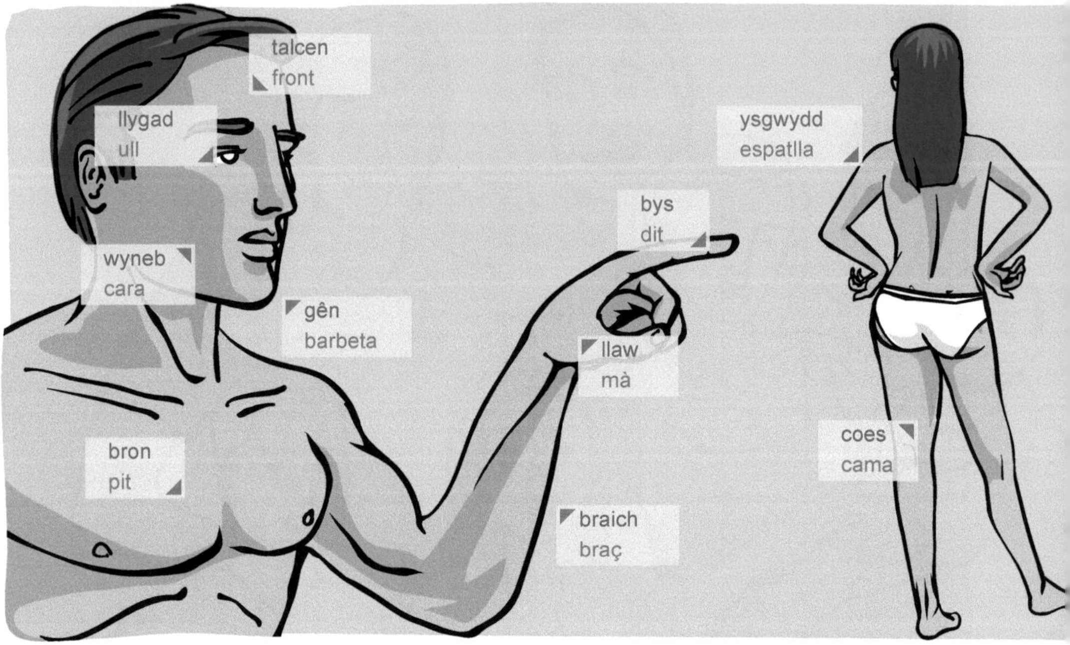

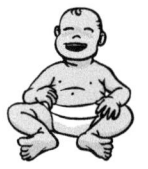

baban
nadó

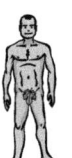

dyn
home

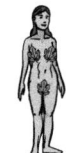

gwraig
dona

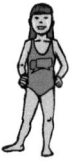

geneth
noia

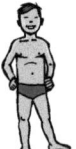

bachgen
noi

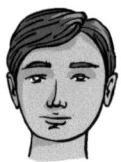

pen
cap

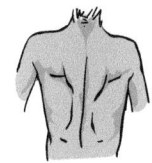

cefn

esquena

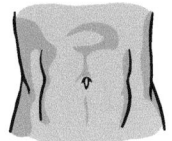

bel

panxa

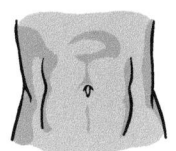

bogail

melic

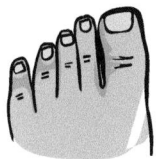

bys troed

dit gros del peu

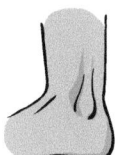

sawdl

taló

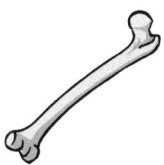

asgwrn

os

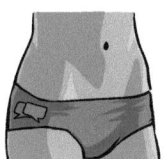

clun

maluc

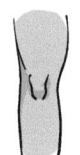

pen-glin

genoll

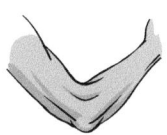

penelin

colze

trwyn

nas

pen ôl

cul

croen

pell

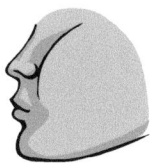

boch

galta

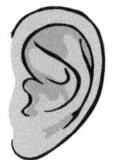

clust

orella

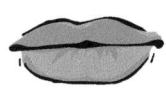

gwefus

llavi

ceg

boca

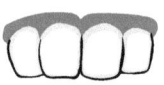

dant

dent

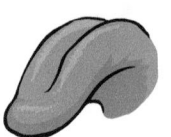

tafod

llengua

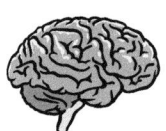

ymennydd

cervell

calon

cor

cyhyr

múscul

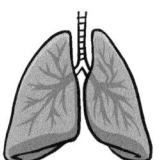

ysgyfaint

pulmó

iau

fetge

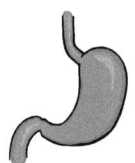

stumog

estómac

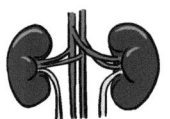

arennau

ronyó

rhyw

relació sexual

condom

preservatiu

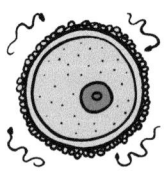

ofwm

ovari

semen

semen

beichiogrwydd

prenyat

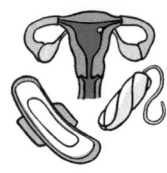

mislif

menstruació

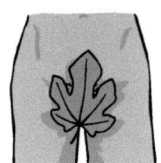

fagina

vagina

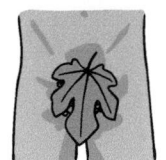

pidyn

penis

ael

cella

gwallt

cabells

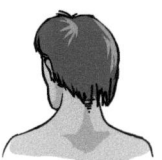

gwddf

coll

ysbyty
hospital

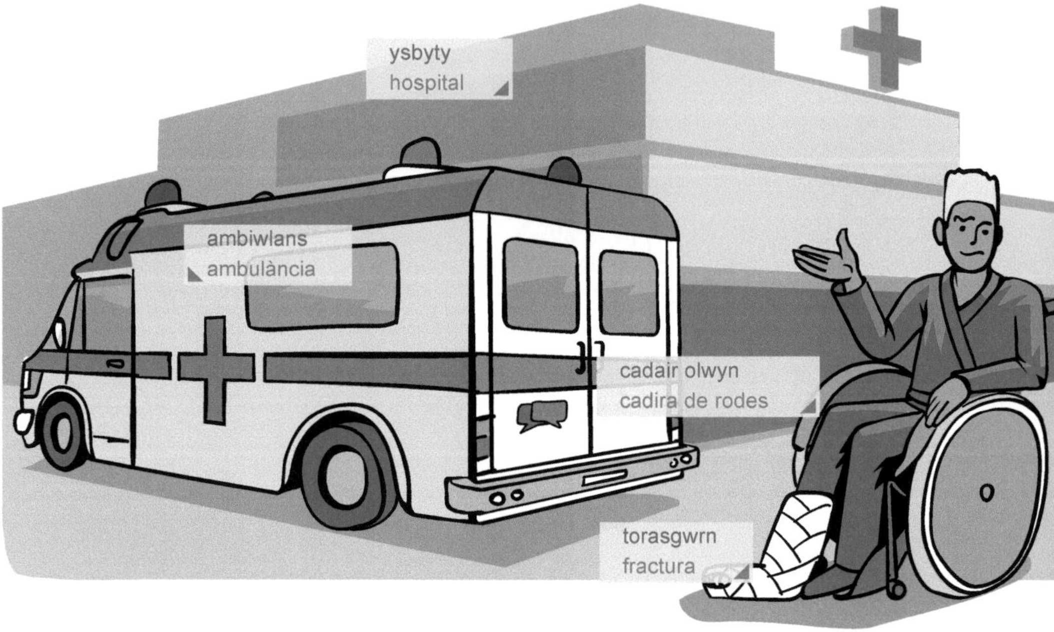

ysbyty
hospital
ambiwlans
ambulància
cadair olwyn
cadira de rodes
torasgwrn
fractura

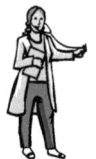

meddyg

doctora

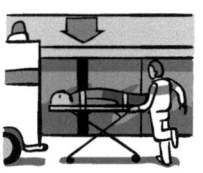

ystafell argyfwng

sala d'urgències

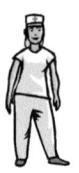

nyrs

infermera

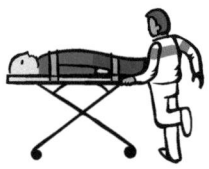

argyfwng

urgència

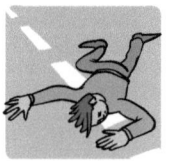

anymwybodol

inconscient

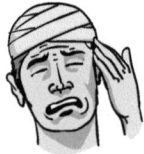

poen

dolor

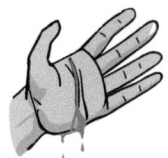

anaf

ferida

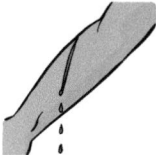

gwaedu

sagnament

trawiad ar y galon

atac de cor

strôc

apoplexia

alergedd

al·lèrgia

peswch

tos

twymyn

febre

ffliw

gripa

dolur rhydd

diarrea

cur pen

mal de cap

canser

càncer

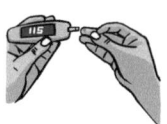

diabetes

diabetis

llawfeddyg

cirurgià

fflaim

escalpel

gweithrediad

operació

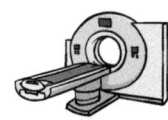

CT

tomografia computada (TC),
TAC

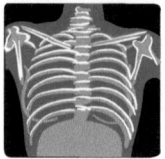

pelydr-x

raigs x

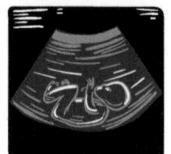

uwchsain

ultrasò

mwgwd wyneb

mascareta

clefyd

malaltia

ystafell aros

sala d'espera

bagl

crossa

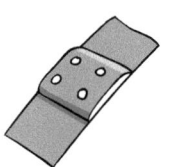

plastr

tireta

rhwymyn

embenat

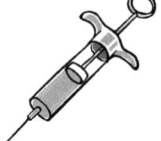

pigiad

injecció

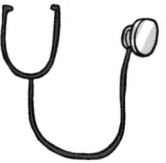

stethosgop

estetoscopi

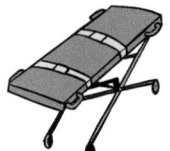

elorwely

llitera

thermomedr clinigol

termòmetre clínic

genedigaeth

pariment

dros bwysau

sobrepès

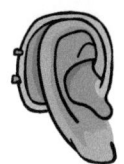

cymorth clyw

aparell auditiu

diheintydd

desinfectant

haint

infecció

firws

virus

HIV / AIDS

VIH / SIDA

meddygaeth

medicina

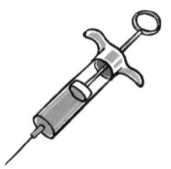

brechiad

vaccí

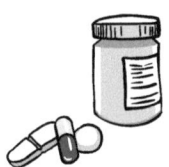

tabledi

comprimits

y bilsen

píl·lola

galwad frys

trucada d'urgència

monitor pwysau gwaed

tensiòmetre

yn sâl / yn iach

malalt / sà

Help!

Socors!

larwm

alarma

ymosodiad

assalt

ymosodiad

atac

perygl

perill

allanfa argyfwng

sortida-eixida d'urgència

Tân!

Foc!

diffoddwr tân

extintor

damwain

accident

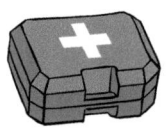

pecyn cymorth cyntaf

farmaciola de primers auxilis

SOS

SOS

heddlu

policia

Ewrop

Europa

Gogledd America

Amèrica del Nord

De America

Amèrica del Sud

Affrica

Àfrica

Asia

Àsia

Awstralia

Austràlia

Iwerydd

Atlàntic

y Môr Tawel

Pacífic

Cefnfor yr India

Oceà Índic

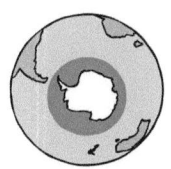

Cefnfor yr Antarctig

Oceà Antàrtic

Cefnfor yr Arctig

Oceà Àrtic

Pegwn y Gogledd

pol nord

Pegwn y De

pol sud

Antarctica

Antàrtida

y Ddaear

terra

tir

país

môr

mar

ynys

illa

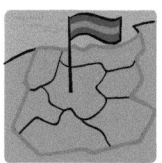

cenedl

nació

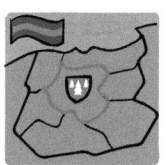

gwladwriaeth

estat

wyneb cloc

quadrant

bys awr

agulla de les hores

bys munud

agulla dels minuts

bys eiliad

agulla dels segons

Faint o'r gloch yw hi?

Quina hora és?

dydd

dia

amser

temps

yn awr

ara

cloc digidol

rellotge digital

munud

minut

awr

hora

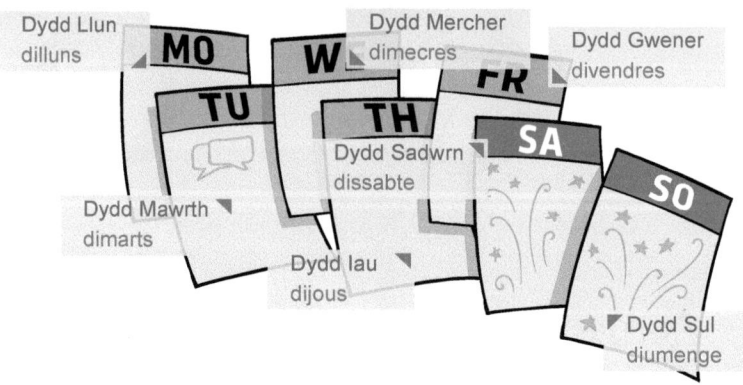

Dydd Llun
dilluns

Dydd Mercher
dimecres

Dydd Gwener
divendres

Dydd Mawrth
dimarts

Dydd Sadwrn
dissabte

Dydd Iau
dijous

Dydd Sul
diumenge

ddoe

ahir

heddiw

avui

yfory

demà

bore

matí

canol dydd

migdia

noswaith

tarda

diwrnodiau busnes

dia feiner

penwythnos

cap de setmana

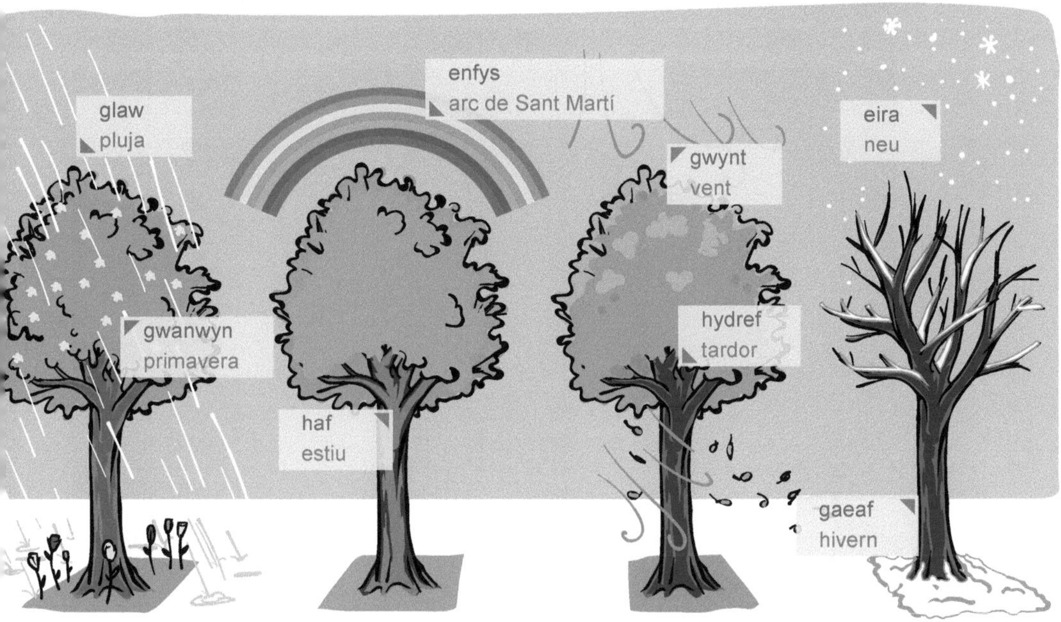

glaw
pluja

enfys
arc de Sant Martí

gwynt
vent

eira
neu

gwanwyn
primavera

hydref
tardor

haf
estiu

gaeaf
hivern

4.APRIL	11°	☀
5.APRIL	4°	☁
6.APRIL	13°	⛆
7.APRIL	8°	❄
8.APRIL	10°	☀

rhagolygon y tywydd

pronòstic del temps

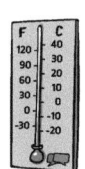

thermomedr

termòmetre

heulwen

llum del sol

cwmwl

núvol

niwl tew

boira

lleithder

humiditat de l'aire

mellt

llamp

taranau

tro

storm

tempesta

cenllysg

calamarsa

monswn

monsó

llif

inundació

iâ

gel

Ionawr

gener

Chwefror

febrer

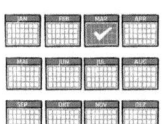

Mawrth

març

Ebrill

abril

Mai

maig

Mehefin

juny

Gorffennaf

juliol

Awst

agost

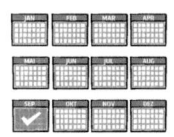

Medi
....
setembre

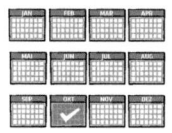

Hydref
....
octubre

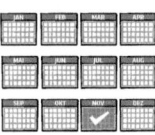

Tachwedd
....
novembre

Rhagfyr
....
desembre

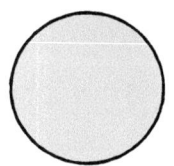

cylch
....
cercle

sgwâr
....
quadrat

petryal
....
rectangle

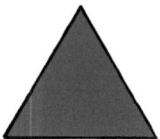

triongl
....
triangle

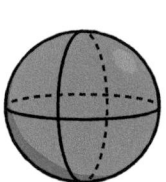

sffêr
....
esfera

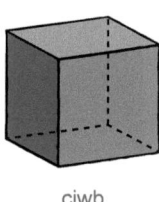

ciwb
....
cub

lliwiau
colors

gwyn

blanc

melyn

groc

oren

taronja

pinc

rosa

coch

vermell

porffor

lila

glas

blau

gwyrdd

verd

brown

marró

llwyd

gris

du

negre

llawer / ychydig

molt / poc

dig / tawel

emprenyat / tranquil

hardd / hyll

bonic / lleig

dechrau / diwedd

començament / fi

mawr / bach

gran / petit

llachar / tywyll

clar / fosc

brawd / chwaer

germà / germana

glân / budr

net / brut

gyflawn / anghyflawn

complet / incomplet

dydd / nos

dia / nit

farw / yn fyw

mort / viu

llydan / cul

ample / estret

bwytadwy / anfwytadwy

comestible / immenjable

drwg / caredig

dolent / amable

llawn cyffro / diflasu

entusiasmat / entediat

tew / tenau

gros / prim

cyntaf / olaf

primer / darrer

cyfaill / gelyn

amic / enemic

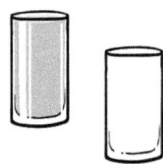

llawn / gwag

ple / buit

caled / meddal

dur / tou

trwm / ysgafn

pesant / lleuger

wedi newynnu / yn sychedig

gana / set

yn sâl / yn iach

malalt / sà

anghyfreithlon / cyfreithiol

il·legal / legal

deallus / twp

intel·ligent / ximple

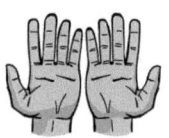

chwith / dde

esquerra / dreta

agos / pell

prop / llunyà

cyferbyniadau - oposats

ewydd / wedi'i ddefnyddio

nou / usat

dim / rhywbeth

res / quelcom

hen / ifanc

vell / jove

ymlaen / i ffwrdd

encès / apagat

ar agor / ar gau

obert / tancat

tawel / uchel

silenciós / sorollós

cyfoethog / tlawd

ric / pobre

cywir / anghywir

correcte / incorrecte

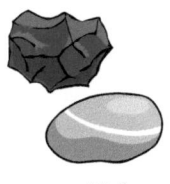

garw / llyfn

aspre / suau

trist / hapus

trist / content

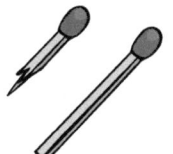

byr / hir

curt / llarg

araf / cyflym

lent / ràpid

gwlyb / sych

humit / sec - eixut

cynnes / claear

calent / fred

rhyfel / heddwch

guerra / pau

0	**1**	**2**
sero	un	dau
zero	u	dos

3	**4**	**5**
tri	pedwar	pump
tres	quatre	cinc

6	**7**	**8**
chwech	saith	wyth
sis	set	vuit

9	**10**	**11**
naw	deg	un deg un
nou	deu	onze

12

un deg dau

dotze

13

un deg tri

tretze

14

un deg pedwar

catorze

15

un deg pump

quinze

16

un deg chwech

setze

17

un deg saith

disset

18

un deg wyth

divuit

19

un deg naw

dinou

20

dau ddeg

vint

100

cant

cent

1.000

mil

mil

1.000.000

miliwn

milió

Saesneg

anglès

Saesneg America

anglès americà

Tsieinëeg Mandarin

xinès mandarí

Hindi

hindi

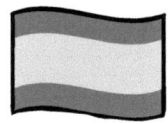

Sbaeneg

espanyol

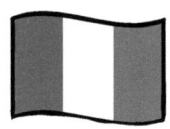

Ffrangeg

francès

Arabeg

àrab

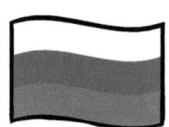

Rwseg

rus

Portiwgaleg

portuguès

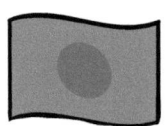

Bengali

bengalí

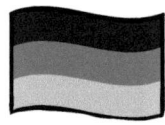

Almaeneg

alemany

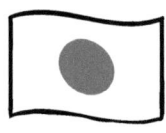

Siapanaeg

japonès

fi

jo

ti

tu

ef / hi

ell / ella / allò

ni

nosaltres

chi

vosaltres

nhw

ells

pwy?

qui?

beth?

què?

sut?

com?

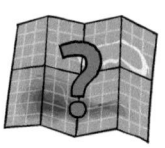

ble?

on?

pryd?

quan?

enw

nom

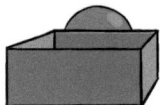

y tu ôl i

darrere

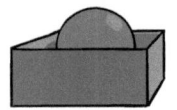

yn / yng / ym / mewn

en

o flaen

davant de

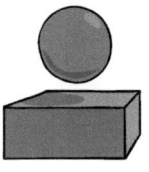

dros

damunt

ar

sobre

dan

sota

wrth ochr

al costat

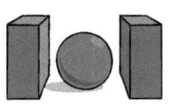

rhwng

entre

lle

lloc